AF310617

DE LA COMPÉTENCE

DES

TRIBUNAUX FRANÇAIS ENTRE ÉTRANGERS [1]

PAR

E. GLASSON

PROFESSEUR A LA FACULTÉ DE DROIT DE PARIS.

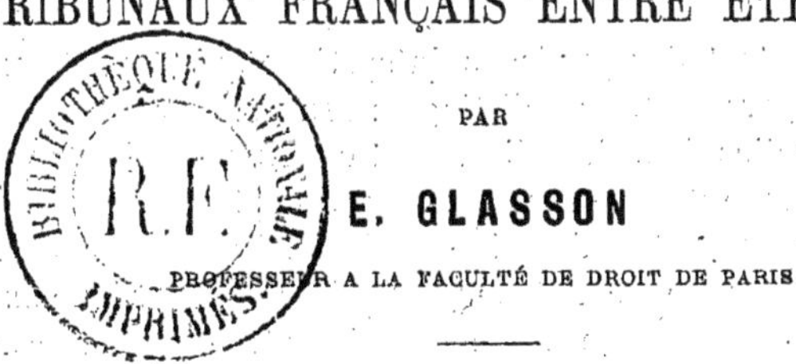

Aucun texte du code civil ou du code de procédure ne répond, d'une manière directe, à la question de savoir si les tribunaux français sont compétents pour statuer sur les contestations entre étrangers. Aussi les auteurs et la jurisprudence sont-ils encore aujourd'hui fort embarrassés sur la solution qu'il faut donner à cette difficulté. On comprend bien la nécessité de s'attacher à un principe pour combler les lacunes de la loi. Mais quel est bien exactement ce principe, car il s'agit à la fois pour les étrangers du droit d'obtenir justice et pour nos tribunaux de l'obligation de la leur rendre. Suivant que l'on s'attache au premier ou au second de ces points de vue, on voit dans la difficulté soit une question de jouissance du droit civil, soit une question de compétence. Examinons d'abord à quelle solution conduit notre problème si on le rattache aux difficultés relatives à la jouissance des droits civils. Tout dépend de l'explication que l'on donne de l'article 11 du code civil. Il est bien certain que, d'après les articles 8, 11 et 13 de ce code, les étrangers, à la différence des Français, ne sont admis que par exception et sous certaines conditions à la jouissance des droits civils. Mais la controverse commence dès qu'il s'agit de savoir quelle est l'acception qu'il faut attribuer aux expressions *droits civils*.

1. Aubry et Rau, *Cours de droit civil français*, 4ᵉ édit., t. VIII, § 748 bis, p. 143. — Bertauld, *Questions pratiques et doctrinales*, I, nᵒˢ 177 et suiv. — Blunstschli, *traduit par de Lardy*, nᵒ 386, p. 227. — Bonfils, *De la compétence des tribunaux français à l'égard des étrangers*, nᵒ 172 et suiv. — Ch. Calvo, *Le droit international*, 2ᵉ édit, t. I, § 251 et suiv. — Demangeat, *De la condition des étrangers*, nᵒ 81, p. 388. — Demolombe, *Cours de code Napoléon*, I, p. 400 et suiv. — Féraud-Giraud, *De la compétence des tribunaux français pour connaître des contestations entre étrangers*, dans le *Journal de droit international privé*, t. VII, p. 137 et 225. — Foelix, *Traité de droit international*, 4ᵉ édit., t. I, nᵒ 146, p. 307, et nᵒ 157 p. 129. Laurent, *Principes du droit civil*, t. I, nᵒˢ 440 et suiv, 3ᵉ édit. — Id. *De la compétence des tribunaux belges relativement aux étrangers*, dans le *Journal de droit international privé*, IV, p. 496. — Légat, *Code des étrangers*, p. 305. — Martens (de) *Précis du droit des gens*, § 92 et 93. — Macé, *Droit commercial*, t. I, nᵒ 658. — Rapetti, thèse pour le doctorat. — Schmalz, *Le droit des gens européens*, trad. du comte de Bohm, liv. III, chap. iii, et liv. IV, chap. iii. — Whéaton, *Éléments de droit international*, t. I, p. 144, § 19, al. 3,

Suivant un premier système, l'étranger jouirait en France de tous les droits civils qui ne lui auraient pas été formellement ou implicitement refusés par des textes spéciaux; c'est notamment l'opinion de MM. Valette et Demangeat[1]. Ceux qui se placent à ce point de vue pour l'examen de notre question ne doivent éprouver aucun embarras à accorder aux étrangers entre eux le droit de plaider devant les tribunaux français, car aucun texte ne leur retire ce droit.

Nous en dirons autant des partisans du système qui, pour déterminer la condition des étrangers en France, distinguent entre les facultés appartenant au *jus gentium* et celles dont l'établissement est plus spécialement l'œuvre du droit civil de chaque pays; on sait qu'ils accordent aux étrangers la jouissance des premières et limitent l'application de l'article 11 aux secondes[2]. En se plaçant à ce point de vue, on a été amené à dire que les tribunaux français sont compétents pour connaître des difficultés entre étrangers car, a-t-on fait remarquer, le droit d'ester en justice rentre dans le *jus gentium*. « Le droit d'ester en justice, a dit la cour de Bruxelles, n'est pas un de ces droits civils uniquement attachés à la qualité de belge, mais plutôt un de ces droits qui, comme le droit d'acheter ou de se marier, doit être rangé dans la catégorie des droits appartenant, ainsi que le dit Portalis, bien plus au droit des gens qu'au droit civil, et dont l'exercice ne pourrait être interrompu sans porter atteinte aux diverses relations qui existent entre les peuples[3]. » M. Laurent approuve cette doctrine et se l'approprie; il enseigne qu'en principe l'accès des tribunaux français doit être ouvert aux étrangers comme aux français. « Celui qui est capable d'exercer un droit, dit-il, doit aussi avoir la capacité d'en poursuivre l'exécution forcée, car que seraient les droits s'ils n'avaient pas de sanction[4]. » Il nous semble pourtant que si l'on applique la distinction entre le droit des gens et le droit civil proprement dit à notre difficulté, on est conduit, par le raisonnement même de M. Laurent, à une solution moins absolue et un peu différente : les étrangers pourront porter devant les tribunaux français les procès relatifs à des droits dérivant du *jus gentium*, mais non ceux qui naissent du droit civil *stricto sensu* : ceux-ci étant régis par leurs lois propres, ne doivent aussi être sanctionnés que par les tribunaux de la nation à laquelle appartiennent ces étrangers. Il semble bien que telle ait été aussi la pensée du tribun Siméon, dans son rapport fait au tribunat à la séance du 25 frimaire an X, car on y lit : « Ce qui caractérise essentiellement le droit civil, c'est donc d'être propre et particulier à un peuple et de ne point se communiquer aux autres nations. Les successions étant de droit civil, parce que c'est la loi qui les défère ou qui permet d'en disposer, la capacité de succéder est un des principaux effets du code civil proprement dit. Au contraire, les effets du droit

---

1. Valette, *Explication sommaire*, p. 408 à 416. — Demangeat, *Histoire de la condition civile des étrangers en France*, nᵒ 56.

2. Aubry et Rau, *Cours de droit civil*, I, § 78, p. 291.

3. Arrêt du 28 mai 1867, Pasicrisie, 1867, II, 294.

4. Laurent *Principes de droit civil français*, I, nᵒ 435.

naturel se communiquent partout à l'étranger comme au citoyen. Pour en jouir il n'est pas nécessaire d'être membre d'une certaine nation plutôt que d'une autre; il suffit d'être homme. C'est du droit naturel que dérivent presque tous les contrats. Les particuliers sont obligés entre eux et dans le même État, et d'un État à l'autre, par toutes les conventions licites qu'ils font réciproquement. Si les étrangers ne peuvent réclamer les droits qui naissent de la loi civile, tels que ceux des successions et des testaments, ils peuvent, tout comme les citoyens, exercer les actions qui descendent des contrats. C'est là le droit général. Ils peuvent, à moins d'une loi prohibitive expresse, acquérir et posséder des biens, les échanger, les vendre, les donner entre vifs; mais ils ne peuvent ni disposer ni recueillir à cause de mort. En un mot le droit civil proprement dit est celui de chaque cité ou de chaque nation. Le droit civil général est celui de tous les peuples civilisés[1]. » Cette doctrine indiquée par le tribun Siméon et relative au droit d'agir en justice est-elle bien celle de notre loi? Nous espérons établir le contraire et nous reconnaissons volontiers qu'il ne faut pas attacher trop d'importance à un simple passage d'une phrase relative à une question beaucoup plus générale. Nous prétendons seulement que si l'on se borne à considérer le droit d'agir comme la sanction des droits reconnus aux étrangers par la loi française, il ne faut logiquement accorder aux étrangers la faculté de plaider devant les tribunaux français qu'autant qu'il s'agit du *jus gentium*.

D'après une troisième opinion, les étrangers ne jouissent en France que des droits qui leur ont été expressément ou implicitement concédés par des textes spéciaux; c'est la doctrine de M. Demolombe, et elle vient d'être appliquée à notre question par M. Féraud-Giraud[2]. Aucun texte n'accorde aux étrangers le droit de plaider entre eux devant nos tribunaux; on en conclut qu'ils sont en principe incompétents pour les contestations de ce genre. Le droit de réclamer et d'obtenir la justice est un avantage que le français est seul fondé à exiger du souverain.

M. Féraud-Giraud refuse compétence aux tribunaux français même si l'étranger défendeur a établi un domicile de fait en France. Il reconnaît aux étrangers le droit de se fixer en France, mais ce domicile de fait ne donne pas la jouissance des droits civils, et c'est parmi ces droits que rentre celui d'obtenir justice[3]. Cette solution est aussi adoptée par la jurisprudence[4].

C'est cependant, à notre avis, celle qu'il est le plus difficile de soutenir sé-

1. Locré, *Législation*, II, p. 246 et 249, n° 8.
2. Demolombe, I, n°⁰ˢ 240 et suiv. — Féraud-Giraud, *De la compétence des tribunaux pour connaître des contestations entre étrangers*, dans le *Journal de droit international privé*, 1880, p. 131 et 225.
3. Loc. cit., p. 150.
4. Colmar, 30 décembre 1815, S., 17, II, 62; — cass., 20 juin 1820, S., 20, I, 42; — cass., 2 avril 1832, S., 33, I, 435; — Rouen, 29 février 1840, S., 40, II, 356; — Paris, 13 mars 1849, S., 49, II, 637; — Lyon, 25 février 1857, S., 57, II, 625; — cass., 10 mars 1858, S., 58, I, 529; — cass., 16 janvier 1869, S., 69, I, 38; — Paris, 14 juillet 1871, S., 71, II, 141; — Paris, 29 juillet 1872, S., 73, II, 148; — cass., 5 mai 1875, S., 75, I, 100; — Bordeaux, 24 mai 1876, S., 77, II, 109; — Paris, 13 mars 1879, S., 79, II, 289.

rieusement. On ne contestera pas, en effet, que la disposition de l'article 11 du code civil, quel que soit son sens, est nécessairement d'ordre public. Il suit de là que si les étrangers n'ont pas le droit, en principe, d'obtenir justice des tribunaux français à cause de l'article 11, l'incompétence est absolue et non pas relative ; ainsi elle peut être opposée même par le demandeur ; en tout état de cause, elle doit être proposée par le ministère public et le tribunal est tenu de se dessaisir d'office. Cette doctrine est en effet consacrée par quelques arrêts[1]. Mais on peut dire que ces décisions sont isolées et que, d'après la jurisprudence, l'incompétence des tribunaux français est purement relative, de sorte que le défendeur seul peut s'en prévaloir à l'exclusion du demandeur et qu'il doit la proposer au début de l'instance. Telle est aussi l'opinion de MM. Demolombe et Féraud-Giraud[2]. Cette solution nous paraît en contradiction manifeste avec la doctrine même sur laquelle on la fait reposer. D'une part on invoque l'article 11 et on prétend que le droit d'ester en justice doit être en principe réservé aux français ; d'autre part, on autorise les étrangers à saisir valablement les tribunaux français, si le défendeur renonce à proposer l'incompétence. Nest-ce pas admettre que les étrangers peuvent se donner à eux-mêmes la jouissance d'un droit civil? De même la jurisprudence reconnaît compétence aux tribunaux français même entre étrangers et en matière civile, par application de différentes dispositions du code de procédure. Ainsi elle permet à un étranger de citer devant le tribunal français deux défendeurs, l'un français, l'autre étranger, du moment qu'il existe identité de cause entre eux[3]. Elle reconnaît à tout étranger le droit d'intervenir dans une contestation valablement engagée et par exception devant un tribunal français[4]. De même on permet à l'étranger défendeur devant un tribunal français d'appeler un autre étranger en garantie s'il y a connexité entre les deux demandes[5].

1. Alger, 4 mars 1874, S., 74, II, 103; — La cour de Paris, par arrêt du 24 août 1875 (S., 76, II, 212), a décidé que l'incompétence est absolue même dans le cas où la demande prend sa source à la fois dans le droit naturel et dans le droit écrit; dans l'espèce il s'agissait d'une demande de pension alimentaire.

2. DEMOLOMBE, n° 261, — FÉRAUD-GIRAUD, loc. cit., p. 225; — cass., 7 messidor an VII; — cass., 4 septembre 1811; — cass., 2 avril 1833; — cass., 29 mai 1833, D., 33, II, 50; — Rouen, 29 février 1840, S., 40, II, 256; — Lyon, 21 juin 1871, S., 72, II, 202; — Rouen, 12 mai 1875, S., 77, II, 105; — cass. req., 5 mars 1879, S., 79, I, 208.

3. Colmar, 30 decembre 1815; — cass., 2 février 1832, S., 32, II, 133; — Trib. de la Seine, 24 décembre 1833, Gazette des tribunaux; 5 janvier 1834, 16 mars 1840, Gazette des tribunaux, 17 mai; — Aix, 25 janvier 1876, Journal de droit international privé, 1877, p. 227.

4. Cass., 7 juillet 1845, S., 45, I, 728; — Lyon, 21 juin 1871, S., 72, II, 201.

5. Douai, 10 mars 1870, S., 70, II, 288. — Il a été décidé, toutefois, d'une manière générale, que les tribunaux français compétents pour juger une demande formée par un Français contre un étranger, cessent de l'être, pour statuer sur l'action en garantie intentée par le défendeur contre un autre étranger (cass., 27 janvier, 1857, S., 57, I, 161; — cass.. 17 juillet 1877, S., 77, I, 449; — cass., 15 janvier 1874, S., 78, I, 300); voir les observations contraires de M. Demangeat, Journal de droit international privé, 1876, p. 109 et suiv.

Toutes ces solutions supposent aussi que l'incompétence des tribunaux français entre étrangers est purement relative; il est, en effet, élémentaire de dire qu'on ne peut pas déroger aux règles de l'incompétence absolue même sous prétexte de garantie, de connexité ou de l'existence d'autres défendeurs.

Ce sont les exigences de la pratique qui ont amené la jurisprudence à ces solutions contradictoires. Après avoir fermé la porte aux étrangers en vertu de l'article 11 du code civil, on s'est trouvé en face de difficultés si graves, qu'on les a tournées en déclarant l'incompétence des tribunaux français purement relative, aux risques de commettre une contradiction manifeste[1]. Il aurait mieux valu reconnaître que le principe de l'article 11 conduisant à des conséquences inadmissibles, ne peut pas servir à trancher notre question.

C'est en effet ailleurs que se trouvent, à notre avis, les éléments de la vraie solution : dans l'article 14 du code civil ou tout au moins dans son esprit et dans le texte de l'article 59 du code de procédure.

Sans doute l'article 14 s'occupe seulement des contestations entre français et étrangers et pour déroger en un point au droit commun, il permet au français de citer, devant nos tribunaux, l'étranger même non résidant en France pour l'exécution des obligations dont il est tenu envers ce français, même si elles sont nées à l'étranger. C'est, comme on le voit, une dérogation remarquable aux principes ordinaires de la compétence. Mais nous en conclurons que, dans tous les autres cas, le droit commun, c'est-à-dire, l'article 59 du code de procédure, reprend son empire, qu'il s'agisse d'une contestation entre français et étrangers ou que cette contestation concerne des étrangers entre eux.

La discussion du conseil d'État sur l'article 14 nous donne quelques renseignements à cet égard[2]. A la séance du 6 thermidor an IX, « le consul Cambacérès dit qu'il est nécessaire d'ajouter à cet article une disposition pour les étrangers qui, ayant procès entre eux, consentent à plaider devant les tribunaux français. » Après une légère et courte discussion sur la *cautio judicatum solvi*, « M. Defermon rappelle la seconde exception proposée par le consul Cambacérès pour les étrangers qui, ayant procès l'un contre l'autre, consentent à plaider devant un tribunal français; il considère ce consentement comme établissant un arbitrage qui doit avoir son effet. Il demande si un étranger peut traduire devant un tribunal français un autre étranger qui a contracté envers lui une dette payable en France. M. Tronchet répond que le principe général est que le demandeur doit porter son action devant le juge du défendeur; que cependant, dans l'hypothèse proposée, le tribunal aurait le droit de juger si sa juridiction n'était pas déclinée. M. Defer-

---

1. Que dire de l'opinion d'un arrêtiste suivant laquelle l'incompétence reposant sur l'extranéité des parties est d'une nature spéciale « et occupe en quelque sorte le milieu entre l'incompétence *ratione materiæ* et l'incompétence *ratione personæ*, » voy. S., 72, II, 202.

2, Locré, t. II, p. 44,

mon observe que ce serait éloigner les étrangers des foires françaises que de leur refuser le secours des tribunaux pour exercer leurs droits sur les marchanchises des étrangers avec lesquels ils ont traité. M. Réal répond que, dans ce cas, les tribunaux de commerce prononcent. M. Tronchet ajoute que la nature des obligations contractées en foire ôte à l'étranger défendeur le droit de décliner la juridiction des tribunaux français. Mais l'article en discussion ne préjuge rien contre ce principe, il est tout positif ; on ne peut donc en tirer une conséquence négative. Il ne statue que sur la manière de décider les contestations entre un français et un étranger et ne s'occupe pas des procès entre étrangers. L'article est mis aux voix et adopté.

Plusieurs points importants se dégagent de cette discussion. Les rédacteurs du code civil n'ont pas mis en doute le droit pour les étrangers de s'adresser pour les procès qui les concernent entre eux aux tribunaux français. Dès lors peu importe l'explication que l'on donne de l'article 11 du code civil, il est certain que les étrangers ont le droit de plaider entre eux devant nos tribunaux ; nous comprenons même qu'il ne se soit pas élevé, à cet égard, le moindre doute au conseil d'État. Est-il possible d'admettre sérieusement, dans un État civilisé, l'existence de personnes qui n'auraient pas le droit de s'adresser à la justice du pays ? Ce serait les mettre hors la loi. Personne n'a jamais soutenu que tel soit aujourd'hui la condition des étrangers en France. Dès que ceux-ci mettent le pied sur notre territoire, ils sont soumis à nos lois[1] et sont aussi protégés par elle. Mais cette protection ne deviendrait qu'un vain mot si elle ne consistait pas précisément dans le droit de s'adresser à la justice du pays. Quelles seront alors les règles de compétence entre étrangers ? La discussion du conseil d'État nous apprend que si les deux étrangers sont d'accord, les tribunaux français pourront juger la contestation ; dans le cas contraire, il faudra appliquer la maxime qui oblige le demandeur à s'adresser au tribunal du domicile du défendeur. C'est, comme on le voit, l'application des principes ordinaires de compétence aux contestations entre étrangers. La discussion fut close par cette observation que les dispositions de l'article 14 ne concernent pas ces contestations.

Il n'y a donc pas de loi qui défende aux tribunaux français de connaître des contestations entre étrangers ni de lois qui établissent en pareil cas des règles spéciales de compétence ; mais il résulte nettement de la discussion au conseil d'État que les étrangers ont le droit de s'adresser même entre eux à nos tribunaux. Dès lors et dans le silence de la loi, pour déterminer le tribunal compétent, il faudra bien appliquer le droit commun, l'article 59 du code de procédure.

C'est ce que nous allons essayer de faire et l'on verra, par nos applications, qu'en réalité cette doctrine donne complètement satisfaction aux intérêts des étrangers.

1. Sauf en ce qui concerne leur statut personnel.

Et d'abord aucune difficulté ne saurait s'élever s'il s'agit d'un étranger défendeur autorisé à établir son domicile en France. Aussi ne nous occupons-nous pas de lui dans cette étude, car il est, en réalité, assimilé au français pour l'exercice et la jouissance des droits civils, et comme il a incontestablement un domicile légal en France, aucune hésitation n'est possible sur l'application de la maxime : *Actor sequitur forum rei.*

Cet étranger légalement autorisé à établir son domicile peut être actionné devant nos tribunaux même par tout étranger non domicilié[1]. De son côté il peut revendiquer le bénéfice de l'article 14 et actionner devant nos tribunaux des étrangers qui auraient le droit de décliner leur compétence si le demandeur n'avait pas la jouissance des droits civils. Dès que l'un des deux étrangers est autorisé à établir son domicile en France, nos tribunaux deviennent bien certainement compétents, si c'est le défendeur, en vertu de l'article 59 du code de procédure ; si c'est le demandeur, en vertu de l'article 14 du code civil[2]. Il a été fait plusieurs fois application de cette règle au cas d'une femme formant une demande en séparation de corps contre son mari admis à établir son domicile en France[3].

Il faut arriver de suite à l'action personnelle intentée par un étranger contre un autre qui n'a pas en France la jouissance des droits civils. Distinguons suivant que l'étranger défendeur a un domicile de fait en France ou seulement une résidence, ou n'a chez nous ni domicile, ni résidence.

On est généralement d'accord pour admettre qu'un étranger peut, sans autorisation du gouvernement, acquérir un domicile de fait en France, mais il va sans dire que ce domicile ne lui confère pas la jouissance des droits civils[4]. Qu'est-ce en effet que le domicile? C'est le lieu où l'on a transporté le siège de ses affaires. Les conditions constitutives du domicile peuvent être réalisées aussi bien par un étranger que par un français. Elles supposent un fait accompagné d'intentions. Toutes les fois qu'un étranger vient se fixer en France, il y acquiert légalement un domicile sans qu'il soit besoin d'aucune autorisation du gouvernement. Il va toutefois sans dire qu'il s'agit là d'une question de fait abandonnée à l'appréciation des tribunaux : l'étranger a-t-il voulu quitter son pays pour s'établir en France? L'affirmative établie, le tribunal de son domicile devient compétent pour toutes les actions civiles personnelles intentées contre lui, aussi bien par des étrangers que par des français. C'est l'application pure et simple de l'article 59. On comprend d'autant moins la répugnance de la jurisprudence à adopter cette solution, qu'elle fait elle-même l'application entre étrangers d'autres dispositions de ce même article. La jurisprudence belge nous

---

1. Cpr. Rennes, 27 avril 1847, S., 47, II, 444.

2. Metz, 17 janvier 1839, S., 39, II, 474 ; — Rennes, 27 avril 1847, S., 47, II, 444.

3. Cass., 23 juillet 1855, S., 56, 1, 148 ; — Metz, 26 juillet 1865, S., 66, I, 160.

4. C'est ainsi que le bénéfice de l'art. 14 constituant un privilège réservé au Français ne peut pas être invoqué par l'étranger simplement domicilié de fait.

paraît plus logique, lorsqu'elle soumet l'étranger domicilié de fait à la maxime : *Actor sequitur forum rei*[1].

Il y a controverse sur le point de savoir si l'autorisation accordée à un étranger d'établir son domicile en France profite aussi à la femme et au mineur soumis à la puissance maritale ou paternelle de cet étranger. Mais cette question n'offre pour nous aucun intérêt, car il faut bien admettre que cette femme et ce mineur ont, tout au moins, en France, un domicile de fait ; cela suffit pour donner compétence aux tribunaux français.

La question de compétence devient plus délicate lorsqu'il s'agit d'un étranger défendeur qui a établi une simple résidence en France. Le tribunal de cette résidence est-il compétent au point de commettre un déni de justice s'il refuse de statuer ? La jurisprudence n'hésite pas à décider que la résidence du défendeur ne saurait donner compétence aux tribunaux français[2]. Pour nous, nous continuons à appliquer purement et simplement l'article 59, comme si le défendeur était français ; celui-ci ne pourrait exciper de l'incompétence qu'en faisant connaître son domicile ; peu importe d'ailleurs que ce domicile soit établi à l'étranger. Mais si ce domicile est inconnu le tribunal de la résidence devient compétent.

Reste enfin le cas où le défendeur étranger n'a ni domicile ni résidence en France. Nos tribunaux sont incompétents pour statuer sur la contestation comme ils le seraient entre deux français domiciliés aux colonies, dont l'un actionnerait l'autre devant un tribunal du continent. L'incompétence n'est donc pas la conséquence de la nationalité des parties. Aussi est-elle purement relative ; le demandeur n'a pas le droit de la proposer et le défendeur ne peut la faire valoir qu'au début de l'instance. Le défendeur doit proposer l'incompétence, sous forme d'exception, et, si celle-ci était repoussée, il devrait attaquer le jugement statuant sur la compétence par la voie de l'appel, sauf à se pourvoir ensuite, s'il y avait lieu, devant la cour de cassation. Mais il n'a pas le droit, comme le français, d'invoquer l'article 19 de l'ordonnance de 1737 qui permet, en cas de rejet de l'exception déclinatoire par un tribunal de première instance, de se pourvoir, *omissio medio*, directement devant la cour de cassation. Il ne pourrait prendre cette voie et, d'une manière plus générale, recourir au règlement de juge, qu'au-

---

1. V. les arrêts cités par Bonfils, *De la compétence des tribunaux français à l'égard des étrangers*, n° 189 ; — Hans, *Droit privé des étrangers en Belgique*, n° 106 : *Contrà :* Colmar, 30 décembre 1815, S., 17, II, 62 ; — cass., 20 juin 1820, S., 20, I, 42 ; — cass., 2 avril 1833, S., 33, I, 431 ; — Rouen, 29 février 1840, S., 40, II, 256 ; — Paris, 13 mars 1849, S., 49, II, 637 ; — Lyon, 25 février 1857, S., 57, II, 625 ; — cass., 10 mars 1858, S., 58, I, 529 ; — cass., 12 février 1869, S., 69, I, 38 ; — Paris, 14 juillet 1871, S., 71, II, 141 ; — Paris, 29 juillet 1872. S., 73, II, 148 ; — cass., 5 mai 1875, S., 75, I, 409 ; — Bordeaux, 24 mai 1876, S., 77, II, 109 ; — Paris, 13 mars 1879, S., 79, II, 289.—Cependant la jurisprudence éprouve des hésitations ; cpr. 5 janvier 1846, S., 47, II, 457 ; — cass., 8 avril 1851, S., 51, I, 335 ; — cass., 7 mars 1870, S., 72, I, 361.

2. Cass., 2 avril 1833, S., 33, I, 435 ; — Paris, 9 novembre 1859, *Gaz. des trib.* du 10 ;— Rouen, 29 février 1840 ; — Seine, 22 janvier 1840, *Gaz. des trib.* du 23 ; — 20 nov. 1841, *Gaz. des trib.* du 21 ; — Bourges, 8 décembre 1843, S., 44, I, 491.

tant qu'il demanderait à être renvoyé devant un autre tribunal français. Le principe de la souveraineté des nations s'oppose à ce qu'il puisse être question de règlement de juges entre tribunaux de pays différents, et la cour de cassation admet ce principe, même lorsque en vertu de traités diplomatiques, il s'agit de tribunaux d'un pays dont les jugements sont de plein droit exécutoires en France[1]. Mais au contraire l'étranger défendeur peut toujours proposer l'exception de litispendance, même sous prétexte que l'affaire est déjà pendante devant un tribunal étranger; il se borne à dire, en pareil cas, que le tribunal français est incompétent à cause de l'instance engagée devant le tribunal de son pays.

Si au contraire, l'étranger qui n'a ni domicile ni résidence en France, consent cependant à plaider, rien ne s'oppose à ce que le tribunal français saisi de la demande juge la contestation. Mais le tribunal peut, s'il le préfère, refuser de statuer. D'ailleurs, ces deux solutions ne sont pas propres aux étrangers; elles s'appliqueraient aussi entre français. Quand un tribunal est saisi d'une affaire, qu'il appartient à l'ordre et au degré déterminé par la loi mais qu'il n'est pas celui du domicile du défendeur, son incompétence est purement relative; il dépend du défendeur de la couvrir et, en pareil cas, le tribunal peut statuer ou refuser de juger, à son choix, tandis que si l'incompétence était absolue, il devrait même d'office se dessaisir de la contestation. Il est, en effet, de principe général qu'un tribunal n'est pas obligé de juger, sous peine de déni de justice, quand il n'est pas celui du domicile du défendeur et lors même que le défendeur renoncerait à invoquer l'incompétence. Ce principe n'est pas, à la vérité, directement écrit dans la loi, mais il résulte bien nettement d'une exception, que le législateur y a apportée dans l'article 7 du code de procédure, pour les juges de paix. On sait que les articles 1 à 48 de ce code ont pour objet de constater les particularités de la procédure devant cette juridiction inférieure. Ainsi ce même article 7 nous apprend qu'on peut se présenter volontairement devant le juge de paix sans citation préalable, tandis que devant toute autre juridiction, l'assignation forme nécessairement le premier acte la procédure. Eh bien, l'article 7 décide aussi que le juge de paix est tenu de statuer quoiqu'il ne soit pas celui du domicile du défendeur, et cette disposition n'aurait aucun sens sérieux, si elle n'était qu'une application du droit commun; il aurait mieux valu alors la supprimer. Elle ne peut s'expliquer qu'autant qu'elle déroge au droit commun et on arrive ainsi à établir qu'en général, sauf exception pour les juges de paix, un tribunal peut refuser de statuer toutes les fois qu'il n'est pas celui du domicile du défendeur. C'est donc encore par application des principes ordinaires de compétence, que nous avons déclaré facultative la compétence du tribunal français pour une contestation entre étrangers toutes les fois que le défendeur n'a ni domicile, ni résidence en France.

1. Paris, 23 thermidor an XII, DALLOZ, v° *Règlement de juge*, n° 41;—Req., rej.,27 novembre 1822, DALLOZ, v° *Droit civil*, n° 320; — Req. rej., 25 janvier 1825, DALLOZ, *ibid.* n° 324; Req. rej., 27 janvier 1847, D., 47, 1, 183

M. Bertauld, dans ses *Questions pratiques* (I, n° 188), admet notre interprétation de l'article 7 et reconnaît que le tribunal français peut refuser de juger entre français dont il n'est pas le juge naturel, mais il décide qu'au contraire, entre étrangers qui consentent à couvrir l'incompétence, les tribunaux français sont tenus de juger sous peine de déni de justice. « Une coalition abusive, dit-il, d'étrangers pour infliger à une juridiction française le jugement de leur procès est peu à craindre ; mais ce n'est là que la considération de fait, et elle est secondaire. La considération de droit, c'est qu'il n'y a pas parité de situation entre le défendeur français qui renonce à l'exception de l'incompétence *ratione personæ*, et le défendeur étranger qui ne revendique pas une juridiction étrangère. En refusant de juger le français qui s'offre à son jugement, nos tribunaux ne lui refusent pas la justice française ; même sans qu'ils aient besoin de recourir à l'appel, les justiciables français pourront, en vertu de l'article 19 de l'ordonnance de 1737, se pourvoir directement devant la cour de cassation, qui, par voie de règlement, désignera le juge qui doit connaître de la contestation. Les étrangers n'ont pas cette ressource ; le juge français, en ne retenant pas la cause entre des étrangers, en dessaisit d'une manière absolue la justice française et en saisit forcément les juridictions étrangères. » Nous admettons, sans difficulté, cette conséquence. Sans doute, nous ne disons pas que le juge français saisit la juridiction étrangère, car il n'exerce aucune autorité sur elle, mais nous décidons qu'il oblige le demandeur à s'adresser au tribunal étranger du domicile du défendeur. En droit, c'est l'application de la loi commune et il est impossible de s'en écarter en l'absence d'un texte consacrant une dérogation entre étrangers. En fait, M. Bertauld arrive, dans certains cas, à traiter les étrangers beaucoup mieux que les français. Ainsi il reconnaît aux tribunaux français du continent le droit de renvoyer deux français des colonies devant nos tribunaux établis au delà des mers, tandis que, s'il s'agissait d'étrangers appartenant peut-être à un pays limitrophe, ils n'auraient pas le droit de se dessaisir.

La jurisprudence arrive aussi à la même solution que nous, mais par des motifs différents et que nous ne pouvons accepter. Elle permet aux tribunaux français de statuer ou de se dessaisir à leur choix, sous prétexte que le juge français se doit exclusivement aux nationaux ou qu'il lui serait parfois difficile d'appliquer les lois étrangères [1]. Le premier motif revient à dire que les étrangers n'ont pas le droit de s'adresser à la justice française et nous avons vu combien il est contraire à la vérité des principes. Quant

---

1. Cass., 8 avril 1818, S., 19, I, 193 ; — cass., 14 avril 1818, S., 22, I, 217 ; — cass., 30 juin 1823, S., 24, I, 48 ; — cass., 2 avril 1833, S., 33, I, 435 ; — cass., 29 mai 1833, S., 33, I, 522 ; Paris, 23 juin 1836, D., *répert.*, v. *droits civils*, n° 314 ; — Bastia, 11 avril 1843, D., *id.*, n° 304 et 314 ; — Bourges, 8 décembre 1843, S., 44, II, 491 ; — Paris, 13 mars 1849, S., 49, II, 637 ; — cass., 26 juillet 1852, D., 52, I, 249 ; — Rouen, 23 avril 1855, S., 57, II, 383 ; — cass., 27 janvier 1857, S., 57, I, 161 ; — Lyon, 25 février 1857, S., 57, II, 625 ; — Paris, 13 février 1858, D., 58, II, 56 ; — cass., 10 mars 1858, S., 58, I, 529 ; — Cass., 15 avril 1861 ; S., 61, I, 721 ; — Metz, 26 juillet 1865, D., 65, II, 160 ; — cass., 17 juillet 1877, S., 77, I, 449 ; — cass., 5 mars 1879, S., 79, I, 208. Avis du conseil d'État, 4 juin 1806.

au second motif, il est encore moins sérieux, car personne ne conteste que, dans une foule de cas, les tribunaux français sont appelés à appliquer les lois étrangères, et, à aucune époque, la connaissance de ces lois n'a été plus facile que de nos jours. Nos tribunaux ne sont-ils pas obligés de connaître les lois étrangères pour déclarer les jugements étrangers exécutoires en France, pour statuer sur les questions de capacité d'étrangers qui ont traité avec des français. De nombreux traités ont accordé aux membres de diverses nations étrangères, même les plus éloignées, le droit de saisir les tribunaux français de la connaissance de leurs litiges. Ne faut-il pas que nos juges, dont la compétence est obligatoire à l'égard de ces étrangers, apprécient leur statut personnel? Il vaut donc mieux s'en tenir à la même solution entre français qu'entre étrangers. Il est vrai qu'elle nous oblige à décider que le juge de paix choisi par les deux étrangers sera tenu de juger en vertu de l'article 7, sous peine de commettre un déni de justice. Mais cette conséquence est très acceptable, car les abus ne sont pas à craindre, il serait puéril de redouter qu'un grand nombre d'étrangers soient tous pris de la fantaisie de se rendre en France pour y soumettre une contestation de médiocre importance à un juge de paix. Quant à ceux qui sont simplement de passage, l'accès de cette justice leur sera très utile sans nuire aux français.

Par exception, les tribunaux français sont compétents, quoique le défendeur étranger n'ait ni domicile de fait ni résidence en France, lorsqu'il y a fait une élection spéciale de domicile pour l'exécution d'un contrat. Cette élection de domicile équivaut à un domicile réel et place les contractants parmi les justiciables du juge du lieu. On ne pourrait décider le contraire qu'à la condition d'admettre que les étrangers n'ont pas le droit de s'adresser à la justice française. Mais il va sans dire que l'élection de domicile ne se présume pas ; par exemple, elle ne résulterait pas du seul fait d'avoir indiqué un lieu de payement en France.

Les tribunaux français sont encore compétents pour statuer sur l'action civile naissant d'un délit commis en France par un étranger contre un autre étranger. Tout le monde est d'accord pour le cas où l'action civile est exercée concurremment avec l'action publique devant les tribunaux de répression ; ces deux actions sont alors intimement liées l'une à l'autre et le code d'instruction criminelle donne compétence à nos tribunaux de répression dans les termes les plus absolus (art. 3, 627, 638, 640 du code d'instruction criminelle)[1]. Mais la question devient plus délicate si l'étranger demandeur veut exercer séparément l'action civile. Certains auteurs pensent que l'étranger demandeur peut, comme le français, poursuivre l'action civile soit devant les juges saisis de l'action publique, soit séparément devant la justice civile. Il est certain que si on oblige ce demandeur à se porter partie civile sur l'action publique, il court la chance de supporter tous les frais de la poursuite criminelle, sous peine d'être déchu de toute action en

1. Cass., 22 juin 1826, S., 27, I, 200 ; — cass., 15 avril 1842, S., 42, I, 473 ; — Bordeaux, 11 août 1843, S., 43, II, 216.

France. Si grave que soit cette raison, elle ne suffit pourtant pas pour donner compétence à un tribunal civil. Dira-t-on que la compétence naît, en
pareil cas, du fait qui donne lieu à l'action, mais alors on devrait aussi logiquement décider que le tribunal civil compétent est celui du lieu où le
fait a été commis. Or, tout le monde admet qu'en pareil cas, il faut appliquer les principes ordinaires de l'article 59 du code de procédure : le français demandeur devrait agir devant le tribunal du domicile du français défendeur et si le défendeur était un étranger n'ayant ni domicile ni résidence
en France, le français n'aurait le droit de saisir les tribunaux de notre pays
qu'en vertu de l'article 14 du code civil. Dès lors il faut bien reconnaître
que toute base fait défaut pour attribuer compétence à nos tribunaux civils
lorsque les deux plaideurs sont des étrangers qui n'ont ni domicile ni résidence en France. Qu'on ne reproche pas à cette solution d'être sévère
contre les étrangers, car nous la donnerions aussi si la contestation s'élevait entre français qui n'auraient ni domicile ni résidence en France, comme,
par exemple, s'ils étaient nés et établis à l'étranger ou dans une de nos
colonies lointaines.

S'il s'agissait d'un simple délit civil, la question se présenterait sous une
forme différente. Les étrangers n'auraient plus la ressource de s'adresser à
la justice répressive et cependant il faut bien qu'ils puissent obtenir justice.
Aux termes de l'article 3 du code civil, les lois de police et de sûreté obli-
gent tous ceux qui se trouvent sur notre territoire. Cette disposition n'est
pas, par elle seule, attributive de juridiction entre français ou entre français
et étrangers, car les règles de la compétence suffisent en pareil cas. Mais
entre étrangers dont le défendeur n'a pas de résidence en France, il faut que
l'article 3 soit implicitement attributif de juridiction ; car autrement on serait
conduit à dire que les lois de police et de sûreté ne sont pas obligatoires en
France pour les étrangers qui s'y trouvent, quoiqu'il n'y ait ni domicile ni
résidence vis-à-vis des autres étrangers [1].

Toujours en se fondant sur la disposition de l'article 3 du code civil relative aux lois de police et de sûreté, la jurisprudence admet aussi que les
tribunaux français sont compétents à l'effet d'ordonner des mesures urgentes, ayant un caractère provisoire ou conservatoire, bien qu'il s'agisse
de contestations entre étrangers dont les tribunaux français ne pourraient
pas connaître au fond [2]. Dans cette doctrine, les tribunaux français peuvent,

1. Paris, 21 mars 1862, S., 63, II, 411 ; — Alger, 6 juin 1870, S., 71, II, 45.—De même
d'après le jugement du tribunal de la Seine, du 26 juillet 1879 (S., 80, II, 218), le principe
que les tribunaux français ne sont pas, en matière personnelle et mobilière, tenus de
juger les contestations entre étrangers, ne s'applique pas lorsque le litige porte sur des
intérêts de droit public et sur des actes émanant de l'autorité souveraine. Ainsi les
brevets d'invention, constituant des lois d'ordre public, un étranger peut demander aux
tribunaux français l'annulation d'un brevet pris en France par un autre étranger. Cette
solution n'est pas nécessairement contraire à notre doctrine, car, comme le constate le
jugement, la compétence de la juridiction française en pareille matière résulte de l'élection de domicile faite dans la demande de brevet.

2. Aix, 6 janvier 1831, D., 32, II, 173 ; — Metz, 26 juillet 1863, S., 64, II, 237.

par mesure de police, autoriser une femme mariée avec un étranger résidant en France, à quitter provisoirement le logement de son mari ou, au contraire, ordonner qu'elle sera tenue de réintégrer la maison conjugale[1], statuer sur une demande alimentaire entre mari et femme[2] ou entre ascendants et descendants[3], prendre des mesures de sûreté dans l'intérêt des enfants[4], ordonner des mesures provisoires pour l'administration de la personne et des biens d'un aliéné, etc.

Nous acceptons toutes ces solutions en tant qu'elles sont des applications de l'article 3 du code civil. Mais dans notre doctrine sur la compétence des tribunaux français entre étrangers, elles n'ont pas la même importance qu'avec celle de la jurisprudence. Du moment qu'un domicile de fait ou même, dans certains cas, une résidence de l'étranger défendeur suffit pour donner compétence aux tribunaux français, il ne devient nécessaire à un étranger d'invoquer contre un autre étranger l'article 3 comme source de compétence que dans des cas fort rares. Mais si l'on pose en principe, comme le fait la jurisprudence, que les tribunaux français sont incompétents entre étrangers, alors il est fort utile de trouver, dans l'article 3, une exception à ce principe, pour éviter de véritables injustices. Serait-il possible, par exemple, de contraindre une femme, même étrangère, à rester dans le logement de son mari qui la maltraite avec la dernière brutalité? Peut-on autoriser un fils étranger à refuser des aliments à sa famille établie en France ? Pour toutes ces questions provisoires ou urgentes, la jurisprudence place ainsi sur la même ligne les étrangers de passage et ceux qui ont établi leur résidence depuis un temps plus ou moins long. De cette façon, ces derniers sont moins bien traités que les français, car ils ne peuvent pas obtenir de mesures définitives mais seulement des dispositions provisoires.

Cette théorie autorise, à notre avis, de véritables dénis de justice entre étrangers qui sont domiciliés de fait ou résident en France depuis un temps plus ou moins long. Qu'ils soumettent une contestation à nos tribunaux et ceux-ci auront le droit de les renvoyer devant les juridictions de leur pays, c'est-à-dire peut-être à plusieurs milliers de lieues et il n'est pas impossible, dans certains cas, qu'ils n'aient conservé aucune relation dans leur pays d'origine. Admettons un instant qu'ils puissent trouver des juges dans leur pays, il n'en est pas moins vrai que, fort souvent, ils seront encore obligés de revenir devant les tribunaux français pour obtenir la for-

1. Cass., 27 novembre 1823, S., 24, I, 48; — Paris, 20 avril 1823, S., 24, II, 51; — Paris, 29 juin 1836, S., 36, II, 160; — Lyon, 25 février 1857, S., 57, II, 625;—Angers, 20 février 1861, S., 61, II, 409; — Motz, 20 juillet 1865, S., 60, II, 237; — Alger, 6 juin 1870, S., 71, II, 45.
2. Paris, 19 décembre 1833, S., 34, II, 384; — Lyon, 25 février 1857, S., 57, II, 625;— Paris, 9 août 1878, *France judiciaire*, 1879, p. 11.
3. V. la jurisprudence dans le *Journal de droit international privé*, 1876, p. 184; 1877, p. 339; 1878, p. 184; 1879, p. 489;
4. Paris, 9 mai 1846 et 10 juillet 1855.

mule exécutoire qui leur permettra d'exécuter en France le jugement obtenu. Si l'on admet, avec la plupart des arrêts, que les tribunaux français ont le droit de reviser au fond les jugements étrangers, il en résultera que nos tribunaux n'auront renvoyé ces étrangers devant la justice de leur pays que pour les faire revenir devant eux, sans qu'ils puissent parfois tirer profit du jugement obtenu. Tous ces inconvénients disparaissent si l'on applique à l'étranger comme aux français l'article 59 du code de procédure et si on permet de l'actionner devant le tribunal de son domicile, ou, à défaut de domicile, devant celui de sa résidence. Le domicile ou la résidence est le fait qui fixe entre français la compétence, pourquoi en serait-il autrement entre étrangers?

Nous appliquons notre solution non seulement en matière personnelle, mais encore toutes les fois que la loi a gardé le silence sur la compétence. On sait en effet que la maxime *actor sequitur forum rei* forme le droit commun. Ainsi on est loin de s'entendre sur le point de savoir si une action réelle mobilière peut être intentée entre étrangers devant nos tribunaux. MM. Aubry et Rau admettent l'affirmative, mais avec quelques hésitations toutes les fois qu'il s'agit de meubles qui se trouvent en France. Nous ne pouvons pas voir, dans ce fait, un principe de compétence, car les meubles, à la différence des immeubles, n'ont pas de situation. Aussi, d'autres auteurs déclinent toute compétence, tout en permettant aux tribunaux français d'ordonner les mesures provisoires nécessaires pour sauvegarder la conservation des droits qui devraient se débattre devant les tribunaux étrangers. Pour nous la solution n'est pas douteuse : les tribunaux français seront compétents si le défendeur a un domicile ou une résidence en France.

Nous allons même beaucoup plus loin et nous décidons que, sous cette condition de domicile et de résidence, nos tribunaux peuvent aussi connaître des questions d'état entre étrangers. Sur ce point cependant, les auteurs et les arrêts sont à peu près unanimes en sens contraire, mais leur doctrine est pleine d'incertitude. Les uns pensent que l'incompétence des tribunaux français est absolue, d'autres disent qu'elle est relative. Ordinairement on donne pour raison de cette incompétence la difficulté qu'il y aurait, pour les tribunaux français, de juger ces questions et leur importance pour les étrangers eux-mêmes. Il ne semble pas nécessaire de s'arrêter longtemps à la réfutation de ces deux motifs : d'une part, les tribunaux français sont fort souvent appelés, comme on l'a vu, à appliquer les lois étrangères ; d'autre part, on ne remarque pas qu'un étranger domicilié ou résidant en France peut avoir un bien plus grand intérêt à y plaider qu'à se laisser traduire devant les tribunaux de son pays. Cependant l'accès de la justice française lui sera nécessairement interdit si l'incompétence est absolue et pourra lui être refusé si l'incompétence est relative. On se souvient, en effet, qu'en cas d'incompétence relative et malgré le silence du défendeur qui consent à la couvrir, le tribunal n'est pas tenu de juger.

En résumé donc, les tribunaux français sont compétents entre étrangers comme entre français et sous les mêmes conditions pour statuer sur les questions d'état[1]; par exemple, sur les demandes en séparation de corps[2], en séparation de biens, qui modifient la capacité de la femme et la puissance maritale[3], sur les demandes en interdiction ou en dation d'un conseil judiciaire, seulement il va sans dire que nos tribunaux seraient obligés d'appliquer là loi étrangère et que leur décision aurait seulement effet en France[4].

Après avoir appliqué entre étrangers comme entre français la règle fondamentale de compétence de l'article 59, il nous faut maintenant passer aux exceptions que ce même article consacre au droit commun et rechercher ce qu'elles deviennent si la contestation s'élève entre étrangers. Ainsi la loi dit qu'en cas de pluralité de défendeurs ils seront assignés au tribunal du domicile de l'un d'eux. L'application de cette disposition ne saurait soulever aucune difficulté. Ceux qui posent en principe l'incompétence des tribunaux français entre étrangers admettent eux-mêmes qu'il est permis de citer, devant les tribunaux français, un étranger quelconque lorsque la demande formée contre lui est la même que celle dirigée contre un français[5]. Toutefois nous devons aller plus loin et décider qu'un étranger peut citer devant nos tribunaux d'autres étrangers, dès que l'un des défendeurs, français ou

1. Cass., 30 juin 1823, S., 24, I, 49 ; — Paris, 23 juin 1836, S., 36, II, 160 ; — Paris, 24 avril 1844, S., 44, II, 568 ;— Poitiers, 15 juin 1847, S., 48, II, 438 ;— cass., 16 mai 1849, S., 49, I, 478 ; — Lyon, 25 février 1857, S., 57, II, 625 ; — Lyon, 10 mars 1858, S., 58, II, 529 ; — Paris, 23 juin 1859, S., 60, II, 261 ; — Angers, 20 février 1861, S., 61, II, 409 ; — Metz, 26 juillet 1865, S., 65, II, 237 ; — Lyon, 21 juin 1871, S., 72, II, 202 ; — cass., 6 mars 1877, S., 79, I, 305. D'ailleurs la jurisprudence admet elle-même des exceptions au principe de l'incompétence des tribunaux français sur les questions d'état entre étrangers. Ainsi elle permet à nos tribunaux de connaître de ces questions incidemment dans une instance où ils sont par exception compétents entre étrangers (Lyon, 21 juin 1871, S., 72, II,-202). De même, on admet que la française devenue étrangère par son union avec un étranger peut poursuivre devant les tribunaux français la nullité de son mariage. On en donne pour raison que cette demande en nullité tend à faire déclarer par voie de conséquence que la demanderesse n'a jamais perdu la qualité de française, de sorte que la question de compétence se confond avec le fond. Paris, 13 juin 1857, S., 57, II, 579 ; — trib. d'Agen, 6 juillet 1860, S., 60, II, 853 ; — Paris, 2 mars 1868, S., 69, II, 382 ; — trib. de la Seine, 2 juin 1872, S., 72, II, 248. Cpr. Poitiers, 7 janvier 1845, S., 45, II, 215 ; — Req. rej., 16 décembre 1845, S., 46, I, 100.

2. En sens contraire la jurisprudence citée dans la note précédente.

3. Paris, 21 juillet 1818, S., 18, II, 356 ; — Contrà : Paris, 31 mai 1826, S., 27, II, 49 ; — Contrà : Metz, 21 juillet 1865, S., 66, II, 237 ; — Paris, 13 mars 1879, S., 79, II, 289. — On admet toutefois là compétence des tribunaux français lorsqu'elle résulte d'une clause du contrat de mariage, cass., 7 mars 1870, S., 72. I, 861.

4 Tout en adoptant la solution contraire et en se prononçant même pour l'incompétence absolue des tribunaux français en pareil cas, la cour de cassation a décidé que si une pareille action en interdiction ou en dation d'un conseil judiciaire avait été admise, il faudrait bien exécuter le jugement toutes les fois qu'il n'aurait pas été attaqué dans les délais donnés pour l'exercice des voies de recours. Cass., 29 janvier 1866, S., 66, I, 105.

5. Cass., 2 février 1832, S., 32, II, 133 ; — trib. de la Seine, 24 décembre 1833, Gaz. des trib., 5 janv. 1834 ; — 16 mars 1840, Gaz. des trib., 17 mai ; — Aix, 25 janvier 1876 ; Journal de droit international privé, 1877, p. 227.

étranger, a son domicile en France ; peu importe que les autres étrangers habitent ou non notre territoire. Mais ici la résidence ne suffit plus pour donner compétence : l'article 59 est formel et exige le domicile. Il va sans dire que nous permettons aussi à tout étranger d'intervenir en France dans un procès quelconque, pourvu qu'il ait un intérêt sérieux. La jurisprudence admet aussi ces interventions et M. Féraud-Giraud se prononce aussi en ce sens[1]. Nous nous demandons s'il n'y a pas là une contradiction lorsqu'on pose en principe que l'accès de la justice française est réservé aux français ; est-il permis, en l'absence de tout texte, de donner la jouissance de ce droit aux étrangers sous la forme d'une intervention.

En matière réelle immobilière, l'article 59 donne compétence au tribunal de la situation de l'immeuble litigieux. Pour ces contestations, tout le monde est d'accord : les tribunaux français deviennent compétents du moment qu'un immeuble est situé en France, que l'action soit pétitoire ou possessoire, réelle ou mixte, même entre étrangers. La compétence se détermine ici par l'objet litigieux et non par les personnes[2]. Cela est tellement vrai, que nos tribunaux seraient compétents même s'il s'agissait d'immeubles appartenant à des États ou à des souverains étrangers. Ceux-ci ne pourraient pas invoquer leur souveraineté car en tant que propriétaires d'immeubles situés en France, ils deviennent de simples personnes privées et ne sauraient en effet élever sérieusement la prétention d'être souverains sur notre sol. A notre avis, les tribunaux français, par réciprocité, sont incompétents pour connaître des actions relatives à des immeubles situés à à l'étranger, mais ils pourraient connaître des actions mixtes relatives à l'un de ces immeubles, malgré l'extranéité des parties, si le défendeur était domicilié ou résidant en France, car alors ces actions, comme personnelles, pourraient être portées devant le tribunal du domicile ou de la résidence du défendeur.

En matière de société, l'article 59 donne compétence au tribunal du lieu où elle est établie tant qu'elle existe, c'est-à-dire, même après la dissolution jusqu'au partage, et le tribunal de ce lieu serait même encore compétent s'il s'agissait de l'action en rescision du partage ou de l'action en garantie (argument articles 822 et 1872 du code civil). Il faut appliquer ces dispositions aux sociétés civiles ou commerciales établies en France par des étrangers ; ce sont en réalité des sociétés françaises. Quant aux sociétés étrangères, elles ne peuvent ester en France en justice que sous les conditions de la loi du 30 mai 1857. Cette loi a autorisé les associations commerciales industrielles ou financières belges qui sont soumises à l'autorisation du gouvernement et qui l'ont obtenue à ester en justice en France en se conformant à nos lois. Il a été ajouté que ce bénéfice pourrait être étendu par

---

1. *Loc. cit.*, p. 172 ; — cass., 7 juillet 1845, S., 45, I, 728 ; — Lyon, 21 juin 1871, S., 72, II, 201.

2. Colmar, 12 août 1817, S., 18, II, 290.

simple décret à d'autres pays. Et, en effet, un grand nombre de décrets en ont fait profiter la plupart des nations étrangères[1].

En matière de succession, le tribunal compétent est, d'après l'article 59, celui du lieu de l'ouverture de la succession pour les demandes entre héritiers jusqu'au partage inclusivement. L'article 822 du code civil établit la même compétence pour l'action en rescision du partage et pour l'action en garantie. Enfin c'est encore ce tribunal qui connait des actions intentées par les créanciers ou par les légataires jusqu'au partage. Il est de principe que la dévolution par succession et le partage des immeubles possédés en France par un étranger décédé, sont exclusivement régis par la loi française. C'est qu'en effet les lois de cette nature entrent dans le statut réel. Peu importe dès lors que le défunt ait été étranger ou français, qu'il ait ou non habité la France, que ses héritiers soient français ou étrangers. On procède, en pareil cas, comme si l'étranger avait laissé deux successions absolument distinctes, l'une en France, l'autre dans sa patrie, et pour le règlement des immeubles situés en France, on fait complètement abstraction de ceux qu'il a laissés à l'étranger[2]. Au contraire pour les meubles de l'étranger décédé et qu'il a laissés en France, la jurisprudence décide qu'ils sont soumis à la loi étrangère, à moins que cet étranger n'ait établi son domicile en France ; dans ce dernier cas, sa succession mobilière est aussi régie par la loi française. Ces principes posés, il est facile de déterminer maintenant les règles de compétence relatives à ces biens. Si l'étranger avait un domicile même de fait en France, sa succession s'est ouverte au lieu où était établi ce domicile, non seulement pour les biens qu'il possédait en France, mais même, à notre avis, pour les meubles qu'il pouvait posséder à l'étranger ; le tribunal de ce lieu est donc compétent pour toutes les contestations énumérées par l'article 59, même si elles s'élèvent entre étrangers. Si le défunt propriétaire d'immeubles situés en France n'y avait aucun domicile, le tribunal compétent pour connaître des contestations relatives à cette succession sera celui du lieu où est situé l'un de ces immeubles, quelle que soit la nationalité des parties[3].

En matière de faillite, le tribunal compétent est celui du domicile du failli et cette disposition est commune aux français et aux étrangers. Ici comme en matière immobilière, de succession, de société, la compétence dérive de la nature du procès et non de la personne du défendeur. La faillite d'un commerçant ne peut même être déclarée que par le tribunal de son domicile. Un commerçant ne peut pas faire plusieurs faillites simultanées lors

1. On en trouvera l'énumération dans Féraud-Giraud, *loc.cit.*, p. 108. — L'Angleterre a cru devoir régler sa situation spéciale par un traité du 30 avril 1862.

2. Colmar, 12 août 1817, S., 18, II, 290. — Voy. cependant l'exception consacrée par la loi du 14 juillet 1819, art. 2.

3. Colmar, 12 août 1817, S., 18, II, 290 ; — cass., 14 mars 1837, S., 37, I, 195 ; — cass., 22 mars 1865, S., 65, I, 175 ; — Les tribunaux français sont compétents en pareil cas pour interpréter le testament du moment qu'il s'agit d'immeubles situés en France ; cass., 10 novembre 1847, S., 48, I, 52.

même qu'il existerait plusieurs établissements de son commerce et il y aurait lieu à règlement de juge si plusieurs tribunaux avaient déclaré sa faillite [1]. Nous allons même plus loin et nous pensons qu'il ne peut encore être
déclaré qu'une seule faillite dans le cas où le commerçant exerçait des
commerces absolument distincts et dans des localités différentes [2]. C'est
une conséquence de l'unité du patrimoine et du principe que l'ensemble de
l'actif est affecté à l'ensemble du passif (article 2093). Il ne peut y avoir
qu'une faillite comme il n'y a qu'un failli. C'est le failli qui est mis en faillite, c'est-à-dire, sa personne et tout son patrimoine et non pas les différents
établissements qu'il possédait. Cette solution résulte bien des articles 438,
440 et 443 du code de commerce [3]. Ces principes s'appliquent sans
difficulté à l'étranger comme au français. Un tribunal français peut prononcer la faillite d'un étranger qui a son principal établissement en France,
quoique cette faillite le frappe d'incapacité. On admet cette solution même
dans le système de ceux qui déclarent nos tribunaux incompétents pour
les questions relatives à l'état des étrangers, car on reconnaît qu'ici la
question d'état est un pur incident et qu'il s'agit avant tout d'une difficulté
intéressant l'ordre public. La législation sur les faillites est une loi de police et de sûreté ; elle a pour but principal de protéger les créanciers contre
les débiteurs. Comme telle, elle atteint tous ceux qui habitent le territoire
et y font le commerce. Loin de contredire cette solution, l'article 437 du
code de commerce la confirme, au moins implicitement, car il n'établit aucune
distinction entre les français et les étrangers. La cour de cassation a même
jugé, en se fondant sur ces motifs, qu'un commerçant étranger établi en
France peut lui-même provoquer sa faillite pour jouir des bénéfices attachés à la qualité de failli ; il ne s'agit pas là d'un droit civil réservé au
français, mais d'une conséquence résultant de la cessation de payement, qui
doit s'appliquer à quiconque fait le commerce en France et qui intéresse
autant les créanciers que le failli lui-même [4].

Mais la faillite prononcée en pays étranger fait obstacle à la déclaration
d'une seconde faillite en France ou même à l'exercice de poursuites individuelles ; c'est une conséquence du principe de l'unité de faillite [5]. Toutefois

1. Douai, 7 juin 1859, S., 60, II, 86, ; — req. rej., 13 mai 1862, S., 62, I, 576; — Paris,
7 mai 1867, D., 68, V, 222.

2. *Contrà* : req., 23 août 1853, D., 55, I, 59 ; — Paris, 30 août 1867, D., 68, II, 113; —
Lyon, 12 juillet 1869, D., 70, II, 10.

3. En ce sens : Douai, 3 mai 1841, S., 42, II, 57 ; — Paris, 7 mai 1867, S., 68, II, 149;
— Rouen, 11 juillet 1874, S., 75, I, 236 ; — cass., 26 avril 1875, S., 75, I, 359 ; — Cpr. la
dissertation de M. Beudant en note de Dalloz, 1868, II, 113.

4. Req. rej., 24 novembre 1857, S., 58, I, 55.

5. Nous n'admettons pas non plus qu'un étranger n'ayant en France ni domicile ni
résidence puisse cependant y être déclaré en faillite à la requête d'un créancier français
qui invoquerait à son profit le bénéfice de l'article 14 du code civil. Cet article doit être
écarté par l'article 438 du code de commerce et par l'article 59 du code de procédure;
Cpr Lyon-Caen, condition des sociétés étrangères en France; *Contrà* : Paris, 17 juillet 1877,
dans le *Droit* du 22 juillet même année.

lorsque cet étranger possède des établissements ou tout au moins des biens à la fois en France et à l'étranger, peut-il être déclaré en faillite dans les deux pays? On a très longtemps soutenu qu'il faut appliquer à la faillite la règle *quot territoria tot patrimonia*, et on a décidé qu'il doit y avoir autant de faillites distinctes qu'il se trouve de pays où le failli possède des biens. Mais cette solution a été, dans ces derniers temps, combattue par des autorités considérables et l'opinion qui consacre, même dans ce cas, l'unité de faillite, tend à prévaloir aujourd'hui [1]. L'existence de plusieurs faillites à cause des pays différents où sont situés les biens du failli nous semble en effet contraire au but de toute loi sur la faillite qui est la sauvegarde du crédit par la protection accordée à tous les créanciers sans distinction. Pour le même motif, nous repoussons l'opinion des auteurs qui voient dans la nationalité différente des créanciers un obstacle à l'application du principe de l'unité de la faillite. Une loi qui protégerait injustement les créanciers nationaux au détriment des créanciers étrangers serait contraire à l'intérêt du commerce et à l'esprit général du droit commercial qui ne tient jamais compte des nationalités. Nous admettons l'unité de faillite, même dans le cas où le commerçant étranger était placé à la tête de deux établissements, l'un dans son pays, l'autre en France; peu importe que l'un de ces établissements forme une succursale de l'autre ou qu'il soit indépendant. En effet, l'état de faillite est indivisible. Un commerçant ne peut pas être failli dans un pays et ne pas l'être dans l'autre. Il ne saurait être failli à l'égard de certains créanciers sans l'être à l'égard de tous. En d'autres termes, quand un commerçant a été déclaré en état de faillite, il n'y a plus de place pour un nouveau jugement déclaratif. Dans tous les cas le tribunal compétent pour déclarer la faillite est celui de la localité où le failli a son domicile, sans qu'il y ait lieu de se préoccuper de sa nationalité, de celle de ses créanciers, de la situation de ses biens, du nombre de ses établissements. Un commerçant n'ayant qu'un domicile, bien qu'il puisse avoir plusieurs résidences, ne peut être l'objet que d'une mise en faillite. Toute la question est donc de savoir si le commerçant français ou étranger a son domicile en France ou à l'étranger. Est-il domicilié en France, le tribunal français pourra prononcer sa faillite. Est-il domicilié à l'étranger, c'est le tribunal étranger qui sera compétent. Mais si ce tribunal, pour une raison ou pour une autre, ne prononçait pas la faillite, le tribunal français du lieu où ce commerçant a son établissement pourrait bien déclarer la faillite pour sauvegarder les intérêts des créanciers français, sauf à suspendre immédiatement toute procédure dès que la faillite serait déclarée à l'étranger.

Le jugement étranger déclaratif de faillite contre un français ou contre un étranger produit effet de plein droit en France, en tant qu'il ne s'agit pas

---

I. Cpr. DE SAVIGNY, *Traité de droit romain*, traduction Guénoux, VIII, p. 283 ; — CARLE, *La faillite dans le droit international privé*, traduit par Dubois ; — BOISTEL, *Précis de droit commercial*, 2ᵉ édition, p. 631 ; — ALBERT-SIMON, *La faillite d'après le droit international privé.*

de mesures d'exécution ni de l'inscription de l'hypothèque judiciaire de l'article 2121. Ainsi ce jugement entraîne dessaisissement du failli avec ses conséquences. Les syndics qu'ils nomment ont, en France, tous les pouvoirs attachés à leur qualité. L'article 2121 du code civil n'exige en effet l'intervention de la justice française que pour les mesures d'exécution.

La loi qui attribue compétence au domicile du failli pour déclarer la faillite s'applique, sans aucun doute, aux sociétés de commerce. Il s'est toutefois élevé une difficulté pour le cas où une société établit son siège social dans un pays et son principal établissement dans un autre. Il a été jugé, avec raison, qu'en pareil cas, la faillite doit être déclarée par le tribunal dans l'arrondissement duquel la société a son principal établissement; c'est ce qui résulte bien de la combinaison des articles 102 du code civil et 432 du code de commerce. On a d'ailleurs constaté sans peine qu'une pareille clause fixant le siège social dans un pays et le principal établissement dans un autre, est une pure fiction et même parfois une fraude destinée à tourner la loi du pays où se trouve le principal établissement [1].

Notre doctrine générale sur l'application de l'article 59 entre étrangers comme entre français nous conduit à décider que, quand une demande originaire est pendante devant un tribunal français, soit entre étrangers, soit entre français et étrangers, rien ne s'oppose à ce que l'étranger appelle en garantie un autre étranger. L'article 59 donne en effet compétence au tribunal saisi de la demande principale pour connaître de l'action en garantie. La jurisprudence n'admet toutefois cette solution qu'à titre exceptionnel, par exemple, si le garant a été partie dans le contrat primitif intervenu entre le demandeur originaire et le garanti, sous prétexte qu'il existe une véritable connexité entre les deux demandes [2]; en principe la jurisprudence veut que les tribunaux français soient incompétents pour statuer sur l'action en garantie incidente intentée par le défendeur contre un autre étranger [3]. Cette solution est d'autant plus difficile à admettre, que, d'après la jurisprudence elle-même, l'article 59 du code de procédure permet, en matière de garantie incidente, de distraire le garant de ses juges naturels et de le traduire devant le tribunal saisi de la demande originaire toutes les fois que celui-ci serait incompétent d'une manière relative seulement pour connaître de la demande en garantie si elle était introductive d'instance; or, la jurisprudence admet que, vis-à-vis des étrangers, l'incompétence des tribunaux français existe *ratione personæ*.

1. Cass., 16 mars 1874, S., 75, I, 51; — Nancy, 8 mai 1875, S., 76, II, 137; — Cpr. cour d'appel de Bologne 18 septembre 1874, dans le *Journal de droit international privé*, 1875, p. 238; — trib. civ. de la Seine, 10 août 1872, même journal, 1874, p. 124; — D'ailleurs le tribunal du lieu du principal établissement, tout en déclarant la faillite, peut, pour faciliter les opérations, adjoindre au syndic ordinaire un cosyndic étranger (Cpr. art. 426 et 464 du code de commerce).

2. Douai, 10 mars 1870, S., 70, II, 288.

3. Cass., 27 janvier 1857, S., 57, I, 161; — cass., 17 juillet 1877, S., 77, I, 449; — cass., 15 janvier 1878, S., 78, I, 300; — Voyez les observations de M. Demangeat dans le *Journal de droit international privé*, année 1877, p. 109.

Telle est l'énumération de l'article 59. Nous ne revenons pas sur le cas d'une élection de domicile dont nous avons déjà parlé plus haut.

Nous ne nous arrêterons pas non plus aux contestations commerciales qui peuvent naître en France entre étrangers. La doctrine et la jurisprudence admettent généralement, pour ces affaires, la solution que nous avons proposé d'appliquer aux contestations civiles. En d'autres termes, on est à peu près d'accord pour décider que les règles de compétence établies par l'article 631 du code de commerce et par l'article 420 du code de procédure sont applicables, quelle que soit la nationalité des parties[1]. On va jusqu'à décider qu'un étranger peut, en matière commerciale, citer un français devant un des trois tribunaux de l'article 420, bien qu'il n'ait pas obtenu en France la jouissance des droits civils. Cette solution était déjà admise dans notre ancien droit où l'on faisait remarquer qu'elle était aussi favorable aux français qu'aux étrangers. Si, en effet, ceux-ci n'avaient pas été assurés d'obtenir justice en France, ils n'auraient pas traité avec les français ou tout au moins leur auraient refusé crédit et n'auraient consenti qu'à des opérations au comptant. Mais nous nous permettons de demander si, en l'absence de textes précis, il est permis de poser une règle en matière civile et une exception en matière commerciale, pour les contestations entre étrangers. Il est déjà bien étrange de dire, dans le silence de la loi, qu'entre étrangers nos tribunaux sont incompétents. Mais, après avoir posé ce principe, n'est-il pas extraordinaire encore d'y apporter une exception qui n'est consacrée par aucun texte. Pourquoi fait-on abstraction de la qualité d'étranger en matière commerciale, et pourquoi se préoccupe-t-on de cette qualité dans les procès civils? Il n'y a aucune trace de cette distinction dans les articles 59 et 420 du code de procédure, et logiquement on devrait ou appliquer aux étrangers les deux articles ou leur en retirer le bénéfice.

Nous n'établissons aucune différence entre les français et les étrangers pour les mesures d'exécution qui peuvent être pratiquées en France ; ainsi un créancier étranger peut valablement saisir et vendre les biens de son débiteur, qui se trouvent en France, meubles ou immeubles, pourvu qu'il soit muni d'un titre exécutoire. S'il possède un acte ou jugement émané d'une autorité étrangère[2], il doit, bien entendu, au préalable, y faire apposer la formule exécutoire. De même, tout étranger peut saisir-arrêter les sommes ou valeurs que son débiteur possède en France, et former sa demande en validité devant les tribunaux français. Cette saisie-arrêt ne présente aucune particularité, si le titre du créancier est émané d'une autorité française et si malgré l'extranéité des parties, le tribunal français est compétent pour statuer sur le fond comme, par exemple, si le débiteur étranger a un domicile ou une résidence en France (article 563). On a vu qu'en effet,

---

1. Nancy, 22 novembre 1873, S., 74, II, 13, où l'on trouvera la plupart des autorités relatives à la question. Cpr. req. rej., 22 novembre 1875, S., 76, I, 213.

2. Paris, 7 janvier 1833, S., 33, II, 145 ; — Paris, 7 mai 1836, S., 36, II, 309 ; — civ. cass., 10 mars 1863, S., 63, I, 293.

dans notre doctrine, ce domicile ou cette résidence suffit pour donner
compétence aux tribunaux français. Pas de difficulté non plus lorsque le
créancier invoque un titre émané d'une autorité étrangère; il peut aussi pratiquer une saisie-arrêt en vertu de ce titre, pourvu qu'il l'ait fait au préalable
déclarer exécutoire en France [1]. On admet même qu'à défaut de titre, le
créancier peut encore pratiquer saisie-arrêt à la condition de se faire autoriser par le président du tribunal (article 558). Mais la validité de la saisie
a été contestée toutes les fois que les tribunaux français ne sont pas compétents sur le fond. Tel serait, pour nous, le cas où le défendeur n'aurait ni
domicile, ni résidence en France. La jurisprudence a décidé d'abord que les
tribunaux français, incompétents pour statuer sur la demande en validité en-
visagée quant au fond, l'étaient aussi pour déclarer la saisie valable en la
forme [2]. Mais aujourd'hui, elle s'est attachée à une autre solution : elle admet
que, dans ces circonstances, les tribunaux français peuvent déclarer la saisie-arrêt valable en la forme, et la maintenir provisoirement, comme mesure
conservatoire, en fixant en même temps au créancier un délai dans lequel il
doit, à peine de déchéance, faire déclarer sa saisie valable au fond, par le
tribunal étranger compétent [3]. C'est la conséquence de la doctrine suivant
laquelle les tribunaux français sont compétents entre étrangers quelconques
pour ordonner des mesures conservatoires; ces mesures sont considérées
comme prescrites par des lois de police et de sûreté et on tire dans l'article
3 du code civil un principe de compétence pour les tribunaux français.

Nous savons maintenant dans quels cas un tribunal français est compétent entre étrangers. Dans tous ceux où il y aura incompétence, nous appli-
querons aussi les mêmes principes qu'entre français. Ainsi l'incompétence
sera purement relative; elle ne pourra être proposée que par l'étranger défendeur et au début de l'instance; s'il garde le silence et si le tribunal consent
à juger, elle est couverte. La jurisprudence admet d'ailleurs aussi la même
doctrine [4]. Elle a jugé dans une foule de circonstances que notre incompétence doit être proposée au début de l'instance et qu'elle ne peut pas l'être
pour la première fois en appel, encore moins en cassation [5]. Mais ici encore

1. Paris, 5 août 1832, S., 33, II, 20.

·2. Paris, 6 août 1817, Dev. et Car., *Coll. nouv.*, V, 2, 314; —Bordéaux, 16 août 1817,
S., 18, II, 58; — Aix, 13 juillet 1831, S., 33, II, 45; — Paris, 24 avril 1841, S., 41, II, 537;
— Douai, 12 juillet 1844, S., 44, II, 491.

3. Paris, 19 janvier 1850, S., 50, II, 462; — Civ. rej., 23 mars 1868, S., 68, I, 328; —
Cpr. Aix, 6 janvier 1831, S., 33, II, 43.

4. Cpr. cass., 29 mai 1833, D., 33, I, 250; — Rouen, 29 février 1840, S., 40, II, 256.

5. Cass., 4 septembre 1811, S., 12, I, 157; — D., *Rép.*, v. *droits civils*, n° 310; — cass.,
27 novembre 1822, P., 1822, p. 687; — Douai, 7 mai 1828, D., 29, II, 123, S., 29, II, 79;
— cass., 29 mai 1833, S., 33, I, 522; — Douai, avril 1845, D., 45, IV, 251; — Metz,
10 juillet 1849, S., 50, II, 275; — cass., 21 juillet 1851, D., 51, I, 266; — Douai, 17 juin
1853, S., 56, I, 150; — Paris, 13 février 1858, D., 58, II, 56; — cass., 15 avril 1861, S., 61,
I, 722; — Paris, 8 avril 1865, S., 65, II, 210; — cass., 7 mars 1870, S., 72, I, 351; — Lyon,
21 juin 1871, S., 72, II, 201; — Rouen, 12 mai 1875, S., 77, II, 105, Nancy, 16 mars 1878,
S., 78, II, 200; — cass., 5 mars 1879, S., 79, I, 208.

il semble qu'elle manque de logique; si, en effet, l'incompétence des tribunaux français entre étrangers découle de l'application de l'article 11 du code civil, il faut reconnaître, comme nous l'avons déjà dit, qu'elle est d'ordre public et non d'intérêt privé.

Lorsque le défendeur n'a pas proposé l'incompétence et que le tribunal a consenti à juger, s'il est ensuite interjeté appel ou formé un pourvoi en cassation, le tribunal d'appel ou la cour de cassation peut-elle refuser de connaître de l'affaire? On a soutenu que si, en pareil cas, l'incompétence ne peut plus être proposée par le défendeur, le tribunal du second degré n'en conserve pas moins le droit de refuser sa juridiction. Il n'y a, dit-on, aucun droit acquis pour les plaideurs étrangers, pas plus en seconde qu'en première instance et la décision des premiers juges ne saurait enchaîner la liberté des seconds. On va même jusqu'à prétendre que le tribunal du premier degré peut lui-même, après avoir accepté la contestation, refuser d'en connaître[1]. Dans ce système, l'incompétence des tribunaux français, à raison de l'extranéité des plaideurs, semble être d'une nature spéciale; relative vis-à-vis des parties, et en ce sens qu'elle peut être couverte par le tribunal, elle tient cependant de l'incompétence absolue, en raison du droit reconnu au tribunal de se dessaisir en tout état de cause. Et pourtant on n'admet pas que la cour de cassation ait le droit de s'abstenir, car, dit-on, cette abstention priverait les parties d'un recours que la loi autorise; en outre, la cour de cassation statue bien plutôt sur les jugements des tribunaux que sur les prétentions des parties. Ces deux raisons ne nous semblent pas satisfaisantes; si l'on refuse à la cour de cassation le droit de se dessaisir pour ne pas priver les parties d'une voie de recours, il faut aussi décider, par identité de motif, que le tribunal d'appel est tenu de juger. Il est vrai que la cour de cassation ne constitue pas un degré de juridiction, mais il est non moins certain qu'elle apprécie les jugements en dernier ressort autant dans l'intérêt des parties que dans celui de la loi. Sur ce point encore, la doctrine qui refuse aux étrangers le droit d'obtenir justice en France, conduit à des solutions confuses et contradictoires. Dans notre système, au contraire, aucune difficulté. Nous donnons toujours la même solution que si la contestation s'élevait entre français. Aussi l'incompétence ayant été couverte devant les premiers juges, ceux-ci ne peuvent plus ensuite se dessaisir au cours du procès, et le tribunal d'appel n'a pas le droit de refuser sa juridiction.

Nous en avons dit assez pour montrer que le seul moyen de construire une doctrine, à la fois solide et équitable, c'est de se déterminer, sur toutes ces questions de compétence, sans s'occuper de la nationalité des parties. D'ailleurs, même dans ce système, il reste vrai de dire qu'en principe, les tribunaux français sont incompétents entre étrangers, car, en général, les étrangers n'ont ni domicile, ni résidence en France et la source de compétence fait ainsi défaut.

1. Féraud-Giraud, *Op. cit.*, p. 231.

Il va sans dire aussi que nos règles de droit commun sur la compétence ou l'incompétence des tribunaux français, entre étrangers, suppose l'absence de tout traité international. S'il existe un traité, il faut s'en tenir à son texte. Ainsi l'article 11 du traité du 15 juin 1869, conclu entre la France et la Suisse porte : « Le tribunal français ou suisse devant lequel sera portée une demande, qui, d'après les articles précédents, ne serait pas de sa compétence, devra d'office, et même en l'absence du défendeur, renvoyer les parties devant les juges qui en doivent connaître[1]. » Il résulte bien nettement de cet article que, si en dehors des cas prévus par le traité, un tribunal français était saisi d'une contestation entre Suisses, son incompétence serait absolue. La cour de Rouen a jugé, par arrêt du 12 mai 1875[2], que le tribunal français est seulement incompétent d'une manière relative. Cela était vrai sous l'empire du traité antérieur du 31 décembre 1828; mais le texte du traité actuel est si formel qu'on ne doit pas, à notre avis, hésiter à se prononcer en sens contraire; c'est ce qu'a fait la cour de Paris par arrêt du 8 juillet 1870[3].

1. On trouvera le texte de ce traité dans Sirey, *Lois annotées*, 1869, p. 429.

2. S., 77, II, 105.

3. S., 71, II, 77. — L'article 3 du traité de 1828 portait : « Dans les affaires litigieuses personnelles ou de commerce qui ne pourront se terminer à l'amiable ou sans la voie des tribunaux, le demandeur sera obligé de poursuivre son action devant les juges naturels du défendeur, à moins que les parties ne soient présentes dans le lieu où le contrat a été stipulé ou *qu'elles ne fussent convenues des juges par-devant lesquels elles se seraient engagées à discuter leurs difficultés;* » mais précisément cette disposition n'a pas été reproduite dans la Convention de 1869, et son article 11 a même eu pour objet d'y déroger. Le même traité franco-suisse du 15 juin 1869, interdit dans son article 1er au français de se prévaloir de l'article 14 du code civil contre l'étranger et l'article 11 du même traité prescrit encore aux tribunaux français de se déclarer même d'office incompétents en pareil cas. (Cass. réq., 11 juin 1879, S., 80, I, 33). Mais le traité de Francfort, du 11 déc. 1871, qui a étendu à l'Alsace-Lorraine la convention franco-badoise du 16 avril 1846, relative à l'exécution des jugements, n'a pas modifié la règle de compétence résultant de l'article 14. Cette convention se borne, en effet, à indiquer les conditions sous lesquelles les jugements d'un pays sont exécutoires dans l'autre. Il est vrai que, parmi les conditions se trouvent celles que les juges aient été compétents conformément à l'article 2 de la convention. Mais tout ce qui résulte de là, c'est que, quand le tribunal français ne sera pas compétent, conformément à l'article 2, son jugement ne sera pas de plein droit exécutoire en Alsace. Pour écarter l'application de l'article 14, il faudrait une disposition formelle comme il en existe une dans le traité du 15 juin 1869 (art. 1er) passé avec la Suisse. (Paris, 20 mars 1879, S., 80, II, 49.)

(Extrait de la *France judiciaire*.)

Fontainebleau. — M. E. Bourges, imp. breveté.